¿CÓMO SABEMOS que el Cristianismo ES DE VERAS CIERTO?

«Chris Morphew es como Tim Keller para los adolescentes. En este breve libro, aborda algunas de las preguntas difíciles de hoy con las Escrituras, la sabiduría y la claridad, y con la cantidad justa de diversión, a fin de mantener a los lectores jóvenes deseosos de seguir leyendo. Estoy impaciente por poner este libro en manos de mis tres hijos».

CHAMP THORNTON, pastor, autor, *El libro radical para los niños* y *El amor de Dios*

«Chris Morphew les hizo un gran regalo a las familias con *¿Cómo sabemos que el cristianismo es de veras cierto?* Cuando lo leí con mis hijos de trece y diez años de edad, nos reímos con sus historias, discutimos las preguntas que surgieron y aprendimos cosas que antes no sabíamos. Vi cómo se fortalecía su fe y crecía su corazón por los perdidos. Les recomiendo de manera encarecida este libro a los padres, líderes de jóvenes y niños, y a las escuelas cristianas. Estamos deseando leer los otros libros de la serie».

CATHERINE PARKS, autora, *Empowered* y *Strong*

«Me encantó leer *¿Cómo sabemos que el cristianismo es de veras cierto?* con mis hijos de diez y trece años de edad. Qué combinación tan rara: tomar en serio las verdaderas preguntas sobre la fe de nuestros hijos y, al mismo tiempo, ofrecer capítulos breves y atractivos. Este libro es un regalo para los padres, ya que nuestros hijos hacen grandes preguntas que podemos resolver juntos en estas páginas».

ED DREW, director de Faith in Kids; autor, *Meals With Jesus*

«Quizá lleves cantando canciones sobre Dios, Jesús y la Biblia desde que eras pequeño. Y tal vez, a lo largo de los años, te has hecho preguntas sobre si las cosas que te han enseñado sobre el cristianismo son de veras ciertas. O a lo mejor estés escuchando acerca de Jesús por primera vez, y también tengas preguntas al respecto. Pues bien, creo que te encantará pasar tiempo con Chris Morphew en este libro, mientras juntos desentierran respuestas sólidas, útiles y satisfactorias a muchas preguntas, incluidas algunas que ni siquiera conocías».

COLIN BUCHANAN, cantautor

¿CÓMO SABEMOS que el Cristianismo ES DE VERAS CIERTO?

CHRIS MORPHEW

Unilit
PUBLICAMOS PARA CAMBIAR VIDAS

Publicado por
Unilit
Medley, FL 33166

Primera edición 2024

Título del original en inglés:
How Do We Know That Christianity Is Really True?
Publicado por *The Good Book Company*

Traducción: *Nancy Pineda*
Ilustraciones inspiradas por: *Emma Randall*

Producto: 491482

ISBN: 0-7899-2819-1/978-0-7899-2819-1

Categoría: *Vida cristiana / Jóvenes*
Category: *Christian Living / Youth*

Impreso en Colombia
Printed in Colombia

Para John Dickson:
Por ayudarme a ver la verdad acerca de Jesús con más claridad.

Contenido

Capítulo 1

LAS DOS PREGUNTAS MÁS IMPORTANTES

Hoy en día, millones de personas de todo el mundo viven su vida basándose en una afirmación de la historia antigua que, si lo piensas, es difícil de creer.

Dicen que, hace unos dos mil años, arrestaron y condenaron a muerte a un hombre llamado Jesús de Nazaret. Lo arrastraron fuera de la ciudad de Jerusalén en Israel y lo clavaron en una cruz. Jesús murió y lo sepultaron.

Sin embargo, esa no es la parte difícil de creer. Al fin y al cabo, todo el mundo muere en algún momento.

La *siguiente* parte es la que puede parecer absurda.

Verás, estos millones de personas están convencidos de que, unos días después de su entierro, Jesús resucitó. Creen que unas semanas más tarde regresó vivo al cielo y que sigue vivo hoy.

Por otro lado, hoy en día en todo el mundo hay muchas *otras* personas que piensan que la idea de que una persona resucite de entre los muertos es una absoluta tontería.

Algunos piensan que Jesús *no* existió en absoluto. Otros piensan que es probable que no existiera, pero que solo era un ser humano común y corriente con algunas cosas agradables que decir acerca de amarse unos a otros; un ser humano común y corriente que murió y luego se *quedó* muerto.

Entonces, ¿quién tiene razón? ¿Jesús *de veras* volvió a la vida o no?

△△△△△△△△△

La razón por la que lo pregunto es que estoy convencido de que responder *esta* pregunta es la forma más segura de averiguar si vale la pena tomarse en serio el cristianismo.

Pero primero... me pregunto cómo acabaste teniendo este libro en tus manos.

Tal vez tu familia piense que Jesús es importante, y hasta el momento le has seguido la corriente, pero ahora estás empezando a preguntarte si, *en realidad*, puedes confiar en que el cristianismo es verdadero.

O tal vez tomaras la decisión de seguir a Jesús por ti mismo, pero tus amigos o tu familia piensan que es un cuento de hadas, y estás empezando a preocuparte de que puedan tener razón. O tal vez sigan una religión diferente por completo y ahora no sepas en *qué* creer.

O tal vez *seas tú* el que cree que Jesús es un cuento de hadas, pero alguien te regaló este libro, pues trata de convencerte de que, después de todo, vale la pena tomárselo en serio.

O tal vez estés en algún punto intermedio. Tal vez tengas la ligera sospecha de que Jesús podría ser quien la Biblia dice que es, pero quieres saber si hay alguna prueba sólida.

Como sea que hayas llegado a tener este libro, estoy muy contento de que estés aquí, pues resulta que, en realidad, hay evidencia sólida de que el cristianismo es verdadero y, como dije, todo se reduce a una pregunta:

¿Jesús resucitó de veras?

Es más, estoy convencido de que esta es la segunda pregunta más importante que cualquiera pueda hacerse.

(Ah, y no te preocupes: al final de este libro también llegaremos a la pregunta *más* importante).

△△△△△△△△△

¿Por qué importa tanto si Jesús resucitó de entre los muertos?

Porque el mundo está *lleno* de grandes maestros y líderes que dicen: «Aquí está el camino para encontrar a Dios», o «Aquí está la verdad sobre el mundo», o «Aquí está cómo puedes tener la vida que siempre has deseado», pero Jesús dijo algo diferente por completo.

Jesús no dijo: «Aquí está el camino», o «Aquí está la verdad», o «Aquí está la vida».

Él dijo: «Yo *soy* el camino, la verdad y la vida» (Juan 14:6).

Jesús afirmó ser Dios mismo, el único y verdadero Rey del universo que nos creó y nos ama.

Jesús afirmó que todos los seres humanos que han vivido alguna vez han arruinado su relación con Dios y que necesitamos que *Él* venga a rescatarnos.

Jesús afirmó que, al morir en la cruz, estaba sanando nuestras relaciones rotas con Dios.

Jesús afirmó que si ponemos nuestra confianza en Él en lugar de confiar en nuestros propios esfuerzos o bondad, podemos tener vida con Él, vida plena, aquí y ahora, y vida perfecta para siempre con Él cuando vuelva para sanar el mundo quebrantado de Dios y convertirlo de nuevo en nuestro hogar perfecto.

Y esta es la cuestión: si Jesús *volvió* a la vida en realidad, esas *no son solo afirmaciones*.

Son *verdad*.

Si la resurrección de Jesús es real, es toda la prueba que necesitamos de que Él es de veras quien dice ser, pues solo Dios mismo tiene esa clase de poder.

Por supuesto, por otro lado, si Jesús *no* volvió a la vida, estaba mintiendo o estaba loco, o ambas cosas, y no deberíamos escuchar una sola palabra de lo que dijo.

Si Jesús *no* volvió a la vida, todos esos millones de cristianos están desperdiciando sus vidas siguiendo a un hombre muerto.

O, como lo expresó uno de los escritores de la Biblia: «Si Cristo no ha resucitado, nuestra predicación no sirve para nada, como tampoco la fe de ustedes» (1 Corintios 15:14).

Por eso es tan importante la pregunta de si Jesús resucitó de entre los muertos, pues no hay una tercera opción en el medio. Si Jesús volvió a la vida, es el Rey del universo y *todo* el mundo debería seguirle; pero si Jesús *no* volvió a la vida, todo es un montón de basura y *nadie* debería seguirle.

Entonces, ¿cómo decidimos si debemos creer en la resurrección de Jesús?

Bueno, algunas personas dicen que es, en esencia, una elección entre la *evidencia* y la *fe*.

Dicen que quienes creen en la gravedad, en el cambio climático o en el *big bang* se basan en la *evidencia*: en sólidos hechos, información e investigación.

Y dicen que quienes creen en Dios, en la Biblia y en todo eso, se basan en la *fe*, que eligen *ignorar* los hechos, la información y la investigación, y creer en otra cosa.

Según esta forma de ver las cosas, la *evidencia* y la *fe* son básicamente opuestas: cuanta más *evidencia* tengas, menos fe necesitarás; cuanta más *fe* tengas, menos te importará tener pruebas reales.

En realidad, esta es una forma muy común de pensar sobre la evidencia y la fe, y es lo que la mayoría de la gente supone que la Biblia quiere decir cuando habla de tener *fe* en la resurrección de Jesús.

Sin embargo, ¡la Biblia *no* describe así la fe!

En la Biblia, la fe significa *estar convencido por la evidencia*. Entonces, cuando la Biblia habla de poner tu *fe* en Jesús, no se refiere a creer en Él *sin* ninguna evidencia; se trata de creer en Él *gracias* a la evidencia.

△△△△△△△△△

He aquí un ejemplo diferente para explicar lo que quiero decir.

Tengo fe en mis padres. Tengo fe en que me aman y quieren lo mejor para mí. Y esa fe no surgió de la nada. Se basa en años y años de evidencias.

Se basa en todo el tiempo que han pasado alimentándome, vistiéndome y cuidándome. Se basa en todas las veces que me han *dicho* que me quieren y en todas las veces que me han *demostrado* su amor a través de sus acciones.

Debido a toda esa evidencia, tengo fe en el amor de mis padres por mí.

Ahora bien, podría estar equivocado.

Puede que mis padres no me quieran en absoluto.

Tal vez hayan estado *fingiendo* amarme durante los últimos treinta y cinco años. Tal vez ni siquiera sean mis verdaderos padres. Tal vez sean extraterrestres de una galaxia lejana vestidos con trajes humanos muy convincentes.

Puede ser. Sin embargo, sería bastante absurdo por mi parte suponer que eso fuera cierto, pues hay un *montón* de evidencias a favor de la teoría de «mis padres me aman» y *cero* evidencia a favor de la teoría de «mis padres son extraterrestres».

Cuando miro toda la evidencia, la *conclusión más razonable* es que esas dos personas que viven en el apartamento de mis padres son mis *verdaderos padres humanos que me aman en realidad*, y esa es la verdad en la que pongo mi fe.

Ahora bien, si de repente descubro un montón de evidencias *nuevas*, si encuentro un láser debajo del sofá de mis padres, una nave espacial en su garaje y un montón de trajes humanos sucios en el cesto de la ropa sucia, tendré que volver atrás y reconsiderar un poco mis creencias.

No obstante, mientras tanto, seguiré asumiendo que mis padres son seres humanos reales que me aman de verdad.

△△△△△△△△△

Así es con exactitud como debemos tratar la resurrección de Jesús: debemos seguir la evidencia y ver adónde nos lleva.

Y la buena noticia es que, debido a que la Biblia hace afirmaciones *históricas* sobre Jesús, podemos utilizar los recursos de la investigación histórica, a fin de ayudarnos a averiguar si esas afirmaciones son ciertas.

Eso es lo que vamos a hacer en este libro.

En primer lugar, nos preguntaremos: *¿Podemos confiar en lo que dice la Biblia acerca de Jesús?*

Hay un montón de pruebas que los historiadores utilizan para determinar hasta qué punto pueden confiar en un documento antiguo. Vamos a someter a la Biblia a algunas de esas pruebas y ver qué tan confiable es en realidad.

Ahora bien, como seguidor de Jesús, creo que la Biblia es *mucho más* que otro conjunto de escritos antiguos. Creo que es la Palabra de Dios y que todo lo que nos dice es absolutamente digno de confianza y verdadero.

Aun así, en los próximos capítulos dejaré todo eso de lado. No voy a explorar lo que los *cristianos* creen acerca de Jesús. Voy a resumir lo que los *historiadores* están de acuerdo, por lo general, acerca de Jesús, sean cristianos o no.

Una vez hecho esto, pasaremos a la siguiente pregunta: *¿Podemos confiar en que Jesús resucitó de entre los muertos?* Debido a que, como ya dije, estoy convencido de que es la segunda pregunta más importante que cualquiera puede hacerse, la pregunta de la que depende toda la fe cristiana. Y entonces, una vez que decidas tu respuesta a esa pregunta, estarás listo para la pregunta más importante de todas: *Si Jesús de veras volvió a la vida... ¿qué voy a hacer al respecto?*

Pues si la resurrección es cierta, no solo se trata de algo asombroso que sucedió en el pasado. Tiene el poder de transformar por completo tu vida hoy.

Si la resurrección es verdadera, lo cambia todo.

Capítulo 2

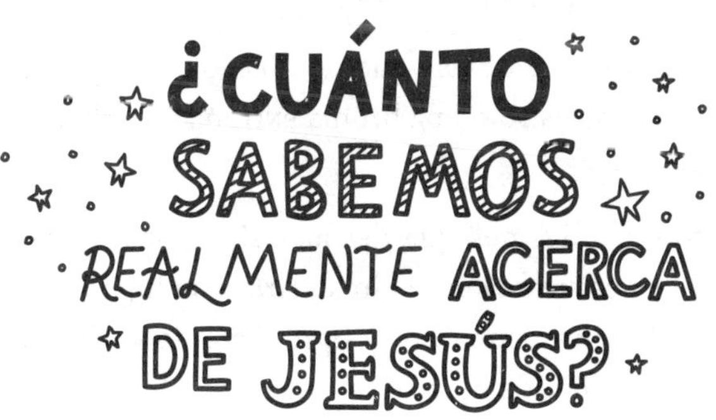

Imagínate que una mañana entro en el patio de recreo de la escuela donde trabajo después de un día libre por enfermedad y un niño de cinco años corre hacia mí y me dice: «Señor Morphew, ¿se enteró del tigre que corría por el jardín de la escuela ayer?».

¿Solo debería *creerle*?

Bueno, es probable que no. Un tigre escapado corriendo por mi escuela es un acontecimiento bastante inusual, así que puede que este niño se lo esté inventando, o puede que esté transmitiendo un rumor raro que se inventó *otra* persona.

Sin embargo, digamos que todos los amigos de este niño respaldan la historia: «¡Es verdad, Sr. Morphew!

Nosotros también lo vimos».

Ahora bien, ¿debería creerles?

De nuevo, es probable que no. Puesto que, ¿cómo sé que esto no es solo una broma extraña que planearon juntos?

Entonces, digamos que después sigo por el patio de recreo y escucho a un padre decirle a su hija: «Estarás *bien*. Anoche atraparon al tigre. Está de vuelta en el zoológico, donde pertenece».

Eso cambia un poco las cosas, ¿verdad? Ya que ahora tengo al menos *dos* fuentes diferentes de información sobre este tigre. Y son fuentes *independientes*; puedo estar bastante seguro de que no obtuvieron la información copiándose unos a otros.

Y *luego* digamos que me siento a revisar mi correo electrónico, y hay un mensaje del director en mi bandeja de entrada:

ATENCIÓN A TODO EL PERSONAL: REÚNANSE EN LA SALA DE PROFESORES A LAS 8:00 A. M. PARA RECIBIR INFORMACIÓN ACTUALIZADA SOBRE EL INCIDENTE DEL TIGRE DE AYER.

De repente, la historia del tigre que se escapó parece mucho más probable, ¿verdad? Porque ahora tengo una *tercera* fuente independiente. Y cuantas más fuentes independientes de información tenga sobre un evento, incluso sobre uno muy poco común, más seguro estaré de que el evento ocurrió en realidad.

△△△△△△△△△

Los historiadores utilizan esta misma estrategia para investigar personas y acontecimientos de la historia antigua. Preguntarse: «¿De cuántas fuentes de información independientes disponemos?» es una forma útil de determinar qué tan seguros podemos estar de que una afirmación sobre la historia es confiable.

Entonces, centremos esa pregunta en Jesús. Se podría pensar que la única razón por la que sabemos acerca de Jesús es porque aparece en la Biblia, pero eso no es cierto en realidad. Así que, para empezar nuestra investigación, veamos lo que las fuentes históricas *fuera* de la Biblia pueden decirnos sobre Jesús.

△△△△△△△△△

En primer lugar, tenemos a un historiador romano llamado Tácito, que nació menos de treinta años después de la muerte de Jesús, cuando muchas de las personas que conocieron a Jesús aún vivían. Tácito escribió una historia del Imperio romano llamada *Anales*. Solo hace una breve mención de Jesús, pero es suficiente para decirnos algunas cosas:

- Jesús vivió durante la época en que Tiberio César era emperador de Roma.
- Jesús fue condenado a muerte por Poncio Pilato, el gobernador romano de la región de Judea.
- Por alguna razón, décadas después de la muerte de Jesús, la gente todavía le seguía.

Es obvio que eso no es mucha información, pero es un comienzo.

A continuación, tenemos a un historiador judío llamado Josefo, nacido menos de *diez* años después de la muerte de Jesús. Escribió una historia del pueblo judío llamada *Antigüedades judías*, que nos da algunos detalles más:

- Jesús era un maestro sabio.
- Jesús se hizo conocido por hacer «hechos sorprendentes» (también conocidos como milagros).
- Jesús tenía un hermano llamado Santiago, que también condenaron a muerte.
- La gente llamaba a Jesús el «Cristo» (título que significa «el elegido» o «Rey»).

Al igual que Tácito, Josefo también menciona que Poncio Pilato fue quien mandó a matar a Jesús. Sin embargo, Josefo nos da el detalle adicional de que Jesús murió por *crucifixión*: al clavarlo en una cruz. Y, al igual que Tácito, Josefo también confirma el extraño detalle de que los seguidores de Jesús *continuaron* siguiéndolo, incluso después de muerto.

Nuestra tercera fuente independiente es un gobernador romano llamado Plinio el Joven, que vivió aproximadamente en la misma época que Tácito y Josefo. De una carta que Plinio le escribió al emperador romano Trajano, recogemos un pequeño detalle adicional sobre los primeros cristianos que le entonaban canciones a Jesús como si fuera un dios.

También hay algunas otras menciones de Jesús en otros documentos antiguos, pero aquí está el punto: no necesitamos la Biblia para saber que Jesús es una persona real de la historia.

Es más, esto es lo que podemos reconstruir sobre Jesús sin siquiera abrir una Biblia:

> *Jesús era un ser humano real con un hermano llamado Santiago, que vivió en Israel mientras Tiberio César era emperador de Roma y Poncio Pilato era gobernador de Judea. Jesús tenía fama de ser un sabio maestro*

y hacedor de milagros, y algunas personas le llamaban el «Cristo», afirmando que era un rey.

A Jesús lo arrestaron en Jerusalén aproximadamente en la época de la Pascua judía. Por orden de Poncio Pilato, lo clavaron en una cruz y lo asesinaron. Entonces, después de la muerte de Jesús, se difundieron informes de que había resucitado y se había mostrado a sus seguidores. Como resultado, la gente no solo siguió a Jesús, sino que lo adoraron y, en lugar de disminuir, el número de seguidores de Jesús creció y creció.

△△△△△△△△△

Por supuesto, cuando *abrimos* la Biblia, encontramos aún más fuentes de información sobre Jesús; pero antes de hacerlo, es probable que necesite aclarar algo.

En este momento, quizá estés pensando: «¡Espera un momento! ¡La Biblia es un libro *religioso*, no un libro de *historia*! No se puede confiar en las descripciones que los escritores bíblicos hacen de Jesús: ¡son parciales por completo! ¡Solo tratan de convencerte de que creas en Él!».

Y es cierto: la Biblia *es* parcial.

Sin embargo, como te dirá cualquier buen historiador, también lo es *cualquier otro texto histórico*.

Tácito, por ejemplo, tenía prejuicios *contra* Jesús. ¡Llamó al cristianismo una superstición peligrosa! En cambio, eso no significa que los historiadores solo *ignoren* lo que escribieron sobre Jesús.

Y las personas que escribieron sobre Jesús en la Biblia eran parciales *hacia* Jesús, pero los historiadores tampoco ignoran lo que *ellos* escribieron sobre Él.

Los buenos historiadores se dan cuenta de que *cada* texto está escrito por una persona concreta con un punto de vista particular, por lo que si fueras a ignorar cada fuente histórica con algún tipo de prejuicio, tendrías que desechar prácticamente *todo*.

Entonces, en lugar de eso, lo que hacen los buenos historiadores es tratar de *comprender* el punto de vista de cada escritor y tenerlo en cuenta mientras leen, lo que significa que si bien los historiadores tal vez no traten la Biblia como *más* confiable que otras fuentes históricas, no consideran que la Biblia sea más confiable que otras fuentes históricas, tampoco la tratan como *menos* confiable.

△△△△△△△△△

La otra cosa que debemos recordar acerca de la Biblia es que no es solo *un* libro. Es una biblioteca completa de libros diferentes escritos por diferentes autores. Así que cuando abrimos la Biblia, no encontramos *una* sola fuente sobre Jesús; encontramos un montón de relatos escritos por diferentes personas.

Averiguar con exactitud cuántas de estas fuentes eran *independientes* es un poco más complicado y técnico de lo que tenemos tiempo aquí, pero la versión corta es que los historiadores están de acuerdo en que el Nuevo Testamento de la Biblia contiene *al menos* cinco fuentes independientes de información sobre Jesús, y es probable que un par más que eso.

Y cuando las sumamos a las aproximadamente diez fuentes independientes *fuera* de la Biblia, tenemos un total de al menos quince fuentes independientes de información sobre Jesús.

Puede que no parezca una cifra enorme, hasta que te das cuenta de que, para muchas personas importantes de la historia antigua, solo tenemos *una* o *dos* fuentes. Según los estándares de la historia antigua, ¡quince fuentes independientes son *muchísimas*!

Si tuviera *quince* personas diferentes que me dieran información sobre un tigre suelto en mi escuela, y si supiera que ninguna de ellas había hablado entre sí antes de hablar conmigo, tendría razones más que suficientes para empezar a tomarme en serio esa historia del tigre.

Y con quince fuentes independientes que nos dan información sobre Jesús, también tenemos razones más que suficientes para tomarnos en serio *su* historia.

Capítulo 3

¿CUANDO SE ESCRIBIERON NUESTRAS fuentes SOBRE JESÚS?

Hace casi dos mil años, en el año 70 d. C., el general romano Tito y su ejército rodearon la ciudad de Jerusalén. Rompieron los muros, tomaron la ciudad e incendiaron el enorme edificio del templo.

Si visitas Jerusalén hoy, puedes caminar por una sección de la antigua calle principal, destrozada y rota, con gigantescos trozos de lo que fue el muro del templo amontonados en el suelo.

Supongamos que deseas obtener más información sobre estos eventos. ¿Cuál crees que sería tu mejor fuente de información?

a. Un libro del historiador judío Josefo, que en esa época trabajaba como traductor para Tito y fue testigo de estos acontecimientos.

b. El diario de un soldado que visitó Jerusalén unos mil años después de los hechos.

c. Una postal escrita por un turista que visitó Jerusalén el año pasado, casi dos mil años después de los hechos.

Si le preguntaras a cualquier buen historiador, te dirá que sigas a Josefo.

Estas tres personas visitaron Jerusalén, pero Josefo fue testigo presencial (vio todo lo sucedido) y su libro, *La guerra de los judíos*, se escribió solo unos años después que los romanos irrumpieran en Jerusalén.

Y, en general, cuanto más antigua sea la fuente, cuanto más *cerca* esté de los hechos originales, más probable será que esa fuente nos proporcione información precisa sobre dichos eventos.

△△△△△△△△△

Entonces, ¿qué pasa con nuestras fuentes sobre Jesús en la Biblia? ¿Son lo suficientemente antiguas para ser confiables?

El Nuevo Testamento de la Biblia está compuesto por veintisiete libros y cartas sobre Jesús. Las fuentes más *antiguas* se escribieron unos veinte años después de la muerte de Jesús. Nuestra primera biografía completa de Jesús (el Evangelio de Marcos) se escribió cuarenta años después. Y la *última* biografía (el Evangelio de Juan) se escribió alrededor de setenta años más tarde.

En otras palabras, el Nuevo Testamento se escribió cuando muchos de los testigos oculares, las personas que de veras *conocieron* a Jesús, todavía estaban vivos.

Setenta años puede parecer mucho tiempo, hasta que te das cuenta de que, para muchas otras personas importantes de la historia antigua, nuestras mejores fuentes no aparecen hasta *cientos* de años después de su muerte. Según los estándares de la historia antigua, nuestras fuentes del Nuevo Testamento sobre Jesús son muy tempranas.

Aun así, esto no significa que la gente no escribiera y hablara ya de la vida, muerte y resurrección de Jesús mucho antes. Es más, dentro de nuestras fuentes neotestamentarias, encontramos evidencias de fuentes de información sobre Jesús incluso *anteriores*.

△△△△△△△△△

Por ejemplo, fíjate en la forma en que Lucas presenta su biografía de Jesús:

> *Muchos han intentado hacer un relato de las cosas que se han cumplido entre nosotros, tal y como nos las*

> *transmitieron los que desde el principio fueron testigos presenciales y servidores de la palabra. Por lo tanto, yo también, excelentísimo Teófilo, habiendo investigado todo esto con esmero desde su origen, he decidido escribírtelo ordenadamente, para que llegues a tener plena seguridad de lo que te enseñaron. (Lucas 1:1-4)*

Lucas escribió su Evangelio cincuenta años después de la muerte de Jesús, a fin de ayudar a un hombre llamado Teófilo a comprender la verdad de lo que ya había oído acerca de Jesús.

Sin embargo, fíjate en que Lucas dice que, antes de escribir su libro, muchas otras personas *ya* habían recopilado relatos de la vida y las enseñanzas de Jesús. Lucas dice que utilizó estas fuentes *anteriores*, que se remontan a los testigos presenciales originales, para ayudarle a escribir su libro.

Los historiadores coinciden en que una de estas fuentes antiguas fue Marcos (que, como dijimos, escribió su Evangelio alrededor de una década antes). Entonces, al estudiar los escritos de Lucas, también ven evidencia de que tomó prestados fragmentos de escritos de otras dos fuentes clave, ambas probablemente escritas una o dos décadas antes que el Evangelio de Marcos.

Ya no disponemos de copias *completas* de esas fuentes anteriores, pero es de agradecer que aún tengamos los fragmentos que Lucas tomó prestados para utilizarlos en su libro.

△△△△△△△△△

No obstante, llegados a este punto, la gente suele plantearse otra pregunta: ¿cómo sabemos que lo que leemos en nuestras Biblias modernas es la misma información que escribieron originalmente los primeros seguidores de Jesús?

No disponemos de las versiones manuscritas originales de ninguno de los textos del Nuevo Testamento. Lo que sí tenemos son *copias* antiguas de los originales; y entonces, ¿cómo sabemos que esas copias son exactas? ¿Cómo sabemos que nuestras fuentes sobre Jesús no se han modificado a lo largo del tiempo, ya sea de manera accidental o intencional?

Aquí es donde el *número* de copias antiguas se vuelve importante en realidad. Puesto que si solo tengo *dos* copias de algún fragmento del Nuevo Testamento, y ambas son diferentes entre sí, ¿cómo podría saber cuál copia coincide con el original y cuál se ha modificado? ¿Cómo voy a saber *siquiera* si alguna de ellas coincide con el original?

Entonces, digamos que tengo *veinte* copias antiguas. Y digamos que dieciocho de esas copias coinciden entre sí, pero las otras dos contienen algunos pequeños fragmentos que no coinciden.

Bueno, como te dirá cualquier historiador, ¡eso sería como ganarse la lotería! Debido a que en ese punto, es bastante seguro dar por sentado que esos dieciocho textos coincidentes también coinciden con el texto *original*, y que los fragmentos que no coinciden en las otras dos copias son errores que se colaron en algún punto del camino.

Sin embargo, la cuestión es la siguiente: no tenemos veinte manuscritos antiguos del Nuevo Testamento.

Tenemos *miles*, ¡mucho más que cualquier otro texto de la historia antigua!

Cuando los historiadores comparan estas copias antiguas entre sí, descubren que los textos son 99,5 % idénticos y, con tantas copias para comparar, pueden determinar con seguridad dónde se introdujeron pequeños cambios en una copia en particular.

Todo lo cual significa que podemos confiar por completo en que estamos leyendo las *mismas* afirmaciones históricas que escribieron los primeros seguidores de Jesús hace casi dos mil años.

△△△△△△△△△

Todo esto es muy importante en nuestra búsqueda de la verdad sobre la resurrección de Jesús, pues nos muestra que, desde el principio, los seguidores de Jesús *ya* afirmaban que había resucitado.

La razón por la que esto es importante es que algunas personas quieren decir que la resurrección es un *mito* que se desarrolló con el tiempo.

La teoría es la siguiente: «Los primeros seguidores de Jesús nunca volvieron a ver *de veras* a Jesús vivo después de su muerte. Aun así, todavía tenían sus enseñanzas y todos estos grandes recuerdos de Jesús, y cuando pensaban en todo eso, era como si estuviera *vivo de nuevo en sus corazones*, a pesar de que en realidad todavía estaba muerto. Luego, con el tiempo, a medida que estas historias se transmitieron a través de los años, se confundieron y se transformaron en este mito acerca de que Jesús volvió *de veras* a la vida, aunque lo cierto es que nunca sucedió».

¡El problema con esta teoría es que contradice por completo toda nuestra evidencia histórica real!

Ningún historiador serio coloca la resurrección de Jesús en la categoría de «mito», pues los mitos como este tardan *generaciones* en desarrollarse, y tenemos evidencia escrita sólida que se remonta a tan solo unos pocos años después de la muerte de Jesús de que sus discípulos ya lo adoraban como su Rey resucitado.

Sea lo que sea la resurrección de Jesús, *no puede* ser un mito. Lo cierto es que no hubo tiempo suficiente para que se desarrollara.

Desde el principio, los primeros seguidores de Jesús afirmaron que Jesús resucitó de veras de entre los muertos y se les había aparecido.

Lo que nos lleva a la siguiente pregunta obvia: ¿Estaban diciendo la verdad?

Capítulo 4

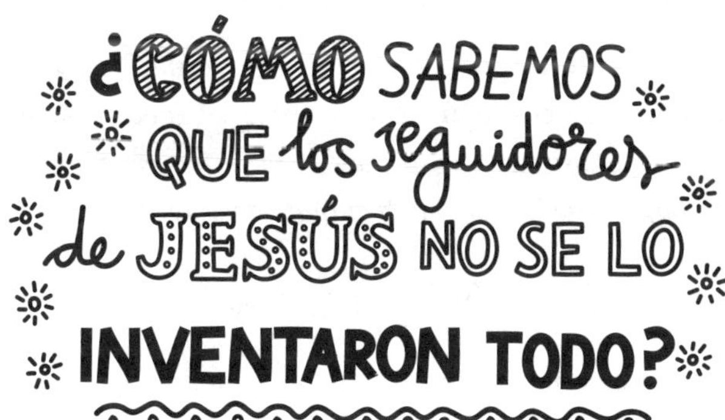

Es hora de otra pregunta de opción múltiple. Supongamos que quiero solicitar un puesto de jefe de cocina en un restaurante de lujo. Nunca antes había trabajado como jefe de cocina, pero deseo *mucho ese trabajo, así que decido inventarme un montón de cosas para el formulario de solicitud. ¿Qué mentiras es más probable que diga?*

- Que pasé años trabajando en los restaurantes más elegantes de París y Nueva York, que me formaron los mejores jefes de cocina del sector y que he ganado muchísimos premios por mi increíble cocina.
- Que me despidieron de todos los restaurantes en los que trabajé, que solo sé cocinar fideos en dos

minutos, que soy torpe y sucio, y que una vez quemé por accidente toda mi cocina.

Obviamente elegiría la opción A, ¿verdad? Si voy a mentir para conseguir este trabajo, al menos elegiré mentiras que me hagan quedar *bien, ¡no mentiras que me hagan quedar como una auténtica vergüenza!*

△△△△△△△△△

En el último capítulo, vimos que tenemos evidencia histórica sólida de que, desde el principio, los discípulos de Jesús afirmaban que había resucitado de entre los muertos.

Entonces, ¿cómo sabemos que no se lo inventaron todo? ¿Y si los primeros seguidores de Jesús *inventaran* las historias de la resurrección de Jesús y todos sus demás milagros, solo para poder reunir un grupo de seguidores, iniciar una religión y ponerse al mando?

Puede parecer una teoría bastante buena, pero aquí tienes uno de sus mayores problemas: si los discípulos de Jesús iban a mentir acerca de Jesús, de seguro que inventarían historias que los hicieran quedar bien, ¿verdad?

Sin embargo, cuando lees las biografías de Jesús, no es eso lo que encuentras. En su lugar encuentras historia tras historia que hace que los primeros seguidores de Jesús parezcan una vergüenza total.

Jesús se *sorprende* repetidas veces por lo lentos que son sus discípulos para entender lo que Él trata de enseñarles (Marcos 7:18). Dice que es como si fueran ciegos y sordos (Marcos 8:18). Cuando Jesús narra historias para explicar quién es Él, sus discípulos no entienden de qué está hablando (Marcos 4:13). Cuando están en peligro, se asustan en lugar de confiar en que Jesús los ayudará (Marcos 4:40). Parecen seguir olvidando su poder, a pesar de que Él se lo muestra una y otra vez (Marcos 8:19-21), y cuando lo recuerdan, preguntan si pueden usarlo para ejercer violencia (Lucas 9:54).

Cuando Jesús anuncia por primera vez su plan para salvar a la humanidad muriendo y resucitando, su amigo Pedro intenta disuadirle (Marcos 8:31-32). Y no importa cuántas veces Jesús intente explicar que *esa es la razón por la que vino,* sus discípulos *siguen* sin entenderlo (Marcos 9:30-32; 10:32-34).

La noche antes de que clavaran a Jesús en la cruz, todos sus discípulos juran que nunca lo abandonarán (Marcos 14:31), pero cuando Jesús los invita a quedarse despiertos con Él mientras ora, todos se quedan dormidos... *tres veces* (vv. 32-41). Luego, cuando arrestan a Jesús, todos huyen y lo abandonan (v. 50). Uno de ellos está tan desesperado por salir de allí que, cuando los guardias lo agarran por la ropa, se la quita y sale corriendo desnudo (vv. 51-52). Esa misma noche, Pedro, que acaba de jurar que preferiría morir antes que dejar a Jesús (v. 31), finge tres veces que ni siquiera lo *conoce* (vv. 66-72).

Todo lo cual nos lleva a una pregunta: si los discípulos de Jesús fueran a *inventar* biografías de Jesús, ¿de verdad crees que incluirían todo *eso*?

△△△△△△△△△

Y eso incluso antes de llegar a la cruz.

Si estás familiarizado con la historia de Jesús, es probable que el hecho de que muriera en una cruz no te sorprenda, pero eso es solo porque el mundo ha tenido dos mil años para acostumbrarse a la idea.

En el siglo I, la idea de que alguien muriera en una cruz pudiera ser un salvador o rey era *absurda*. La muerte por crucifixión era el castigo más terrible, embarazoso y vergonzoso que se pueda imaginar. Por no mencionar el hecho obvio de que las personas crucificadas acabaran muertas, ¿y quién quiere dedicar su vida a seguir a un muerto?

Los escritores de la Biblia *sabían* lo disparatada que les

parecía su historia a las personas de su entorno. En una de sus cartas, Pablo admitió que la idea de que Jesús salvara al mundo muriendo en la cruz parecía una «locura» (1 Corintios 1:18).

El propio pueblo de Jesús, los israelitas, esperaban que Dios les enviara un rey salvador, pero la idea de que ese rey muriera en la cruz parecía una *locura,* pues, ¿por qué Dios permitiría que su Elegido lo asesinaran de manera tan brutal?

Y para las personas que vivían *fuera* de Israel, la idea de un salvador crucificado parecía igual de absurda.

Si visitas el Museo del monte Palatino en Roma, podrás ver un antiguo grafito que se burla de un hombre llamado Alexámenos por seguir a Jesús. Es una imagen de Jesús en la cruz, pero en lugar de una cabeza humana, tiene la cabeza de un burro. Al lado de la cruz hay un hombre que levanta la mano en señal de adoración. Debajo, el artista rasgó la leyenda: «Alexámenos adora a su dios». Sin duda, quien lo dibujó pensó que Alexámenos era bastante estúpido por adorar a alguien que crucificaron.

Como ya vimos, hay evidencia sólida tanto dentro como fuera de la Biblia de que a Jesús lo ejecutaron de veras en una cruz, pero *otra* gran razón para confiar en que es verdad es lo completamente vergonzoso que es.

Si los seguidores de Jesús iban a *inventar* una historia, es difícil imaginar por qué la habrían inventado así.

△△△△△△△△△

Lo que nos lleva a la resurrección.

Si las biografías de Jesús son inventadas, esta es la mentira más grande de todas. Claro, las personas que vivían en ese entonces podrían haber sabido menos sobre ciencia que nosotros, pero sabían muy bien que las personas muertas generalmente permanecían muertas.

Por eso es tan extraño que las cuatro biografías de Jesús en la Biblia incluyan un detalle que, en todo caso, parece hacer que la resurrección sea más *difícil* de creer o, al menos, los escritores y lectores originales así lo habrían pensado. Dicen que las primeras personas que vieron a Jesús vivo fueron *mujeres*.

Esta es la cuestión: en esa época, la ley de Israel decía que solo los *hombres* podían testificar ante un tribunal; a las mujeres no se les permitía.

¿Por qué? Porque los hombres a cargo decidieron que, en situaciones peligrosas o aterradoras, las mujeres eran demasiado *emocionales* para confiar en ellas.

Ahora bien, como es obvio, creo que esa ley es absurda e injusta por completo, y espero que tú lo creas también; pero en esa época, esas eran las reglas.

Así que, en ese entonces, si te estuvieras *inventando* una historia sobre Jesús volviendo a la vida, y si quisieras que la gente la *creyera* en realidad, ¿quiénes dirías que fueron los primeros testigos que encontraron a Jesús vivo de nuevo?

Dirías que fueron hombres, ¿verdad?

Sin embargo, eso *no* es lo que encontramos en las biografías de Jesús.

En cambio, en la mañana de la resurrección de Jesús, encontramos a un grupo de *mujeres* que se dirigen a la tumba donde sepultaron a Jesús. Cuando llegan allí, encuentran la tumba vacía, y entonces el propio Jesús sale a su encuentro y les muestra que está vivo de nuevo (Mateo 28:5-10).

Ahora bien, esto me encanta por un par de razones.

En primer lugar, me encanta cómo Jesús ve toda la desconfianza hacia las mujeres en ese entonces y dice: *Da igual, chicos. Yo confío en ellas. Es más, voy a mostrarme primero a <u>ellas</u>.* Jesús *no* tiene tiempo para la idea de que las mujeres son testigos menos confiables o menos dignos de confianza que los hombres.

Aunque también me encanta, pues es otra pista sólida de que la resurrección de Jesús fue un verdadero acontecimiento histórico. Puesto que, repito, si los primeros seguidores de Jesús se lo estaban inventando, es difícil imaginar por qué se lo habrían inventado así.

△△△△△△△△△

Hay mucho más que decir acerca de por qué podemos confiar en que los discípulos no inventaron la resurrección de Jesús, pero por ahora, este es mi punto.

Si fueras uno de los primeros seguidores de Jesús, ¿por qué narrarías una historia que te hace quedar como un tonto una y otra vez? ¿Por qué celebrarías la muerte de tu líder en una cruz? ¿Por qué te molestarías siquiera en *intentar* convencer a la gente acerca de una resurrección? Y si lo hicieras, ¿por qué, en esa cultura, afirmarías que los primeros testigos de esa resurrección fueron mujeres?

A menos, por supuesto, que esas historias fueran ciertas.

A menos que estuvieras comprometido a decir toda la verdad sobre Jesús, sin importar lo vergonzoso que fuera para ti en lo personal.

A menos que supieras que la resurrección de Jesús *sucedió en realidad*.

Capítulo 5

¿COINCIDEN LAS BIOGRAFÍAS DE JESÚS CON EL RESTO DE LA HISTORIA?

Digamos que te cuento una historia sobre una vez, en mi primer año de instituto, que se me cayó por accidente el iPhone a las vías del tren cuando volvía a casa de la escuela.

Puede parecer bastante creíble, pero si investigas un poco te darás cuenta de que la historia no es del todo cierta.

¿Por qué? Porque mi primer año de instituto fue en 1997, diez años antes de que se inventara el iPhone.

Así que puede que toda la historia sea inventada. O puede que la historia sea cierta en su *mayor parte*, excepto por el detalle sobre la marca del teléfono que tenía por ese entonces. En cualquier caso, la historia no es del todo cierta, porque no coincide con lo que ya sabemos de la historia.

Sin embargo, ¿y si te cuento una historia sobre el día del instituto en que por fin superé la puntuación más alta de mi amigo en Snake II con mi viejo Nokia 3310?

Bueno, esa es una historia más creíble, pues ese teléfono *existía* cuando yo estaba en el instituto, y de veras *venía* con un juego llamado Snake II.

La razón por la que traigo esto a colación no es para demostrarte lo viejo que soy. Es porque este tipo de comprobación de hechos es otra forma de poner a prueba la confiabilidad de una fuente histórica. Cuanto más coincidan los detalles de un texto con el resto de la información histórica que ya tenemos, más en serio podremos tomar ese texto.

Entonces, ¿qué sucede cuando le aplicamos esta prueba a la Biblia?

△△△△△△△△△

Después de dedicar un par de páginas a describir el nacimiento y la infancia de Jesús, el Evangelio de

Lucas avanza con rapidez hasta cuando Jesús tenía unos treinta años.

Lucas inicia esta nueva sección de su biografía con este párrafo:

> *En el año quince del reinado de Tiberio César, Poncio Pilato gobernaba la provincia de Judea, Herodes era tetrarca en Galilea, su hermano Felipe en Iturea y Traconite, y Lisanias en Abilene; el sumo sacerdocio lo ejercían Anás y Caifás. En aquel entonces, la palabra de Dios llegó a Juan, hijo de Zacarías, en el desierto. Juan recorría toda la región del Jordán predicando el bautismo de arrepentimiento para el perdón de pecados. (Lucas 3:1-3)*

No es precisamente un párrafo muy interesante, ¿verdad?

Este es el tipo de párrafo que podrías sentirte tentado a saltarte cuando lees la Biblia, pero lo cierto es que Lucas plantea un punto importante de verdad.

Al enumerar a todas estas *otras* personas conocidas que vivieron en la misma época que Jesús, y las regiones que estaban a su cargo, Lucas señala el lugar y la época exactos en que vivió Jesús.

Hoy en día, si queremos enumerar el año en que tuvo lugar un acontecimiento, basta con ponerle un número.

Los seres humanos llegaron a la luna por primera vez en 1969 d. C.

Escribí este libro en 2020 d. C.

Sin embargo, antes de que se inventara el calendario a. C./d. C., no se podía escribir solo un número para explicar cuándo sucedió algo. En su lugar, una forma común de fechar un acontecimiento histórico era decir: «En el [cualquiera que sea el año] del reinado de [el rey que hubiera en ese momento]».

Y eso es con exactitud lo que hace Lucas aquí.

¿Cuándo comenzó Juan el Bautista a anunciarle al pueblo de Israel que el rey que esperaban estaba en camino? ¿Cuándo apareció Jesús en escena por primera vez en público?

No: «Érase una vez...».

No: «Hace mucho, mucho tiempo...»

Sino: «En el año quince del reinado de Tiberio César» (v. 1).

Y puesto que tenemos evidencias de otras fuentes históricas de que Tiberio César se convirtió en emperador de Roma en septiembre del año 14 d. C., esto nos permite ubicar la llegada de Juan el Bautista alrededor del año 28 d. C.

Lucas también nombra a los líderes que Roma puso a cargo de diferentes regiones cercanas (Pilato, Herodes, Felipe y Lisanias), y también a los dos sumos sacerdotes judíos que dirigían las cosas en ese momento: Anás y Caifás.

Estas son personas *reales* de la historia *real*.

Y lo que Lucas dice aquí es: *Jesús lo es también.*

△△△△△△△△△

Veamos un ejemplo diferente.

Juan, en su Evangelio, escribe sobre la vez que Jesús sanó a un paralítico en un estanque de Jerusalén, que describe así:

> *Dentro de la ciudad, cerca de la puerta de las Ovejas, se encontraba el estanque de Betesda, que tenía cinco pórticos cubiertos. (Juan 5:2,* NTV*)*

Durante cientos de años, mientras los arqueólogos exploraban la ciudad de Jerusalén, no encontraron ninguna señal de este estanque de cinco lados, y mucha gente supuso que Juan se lo había inventado. Dijeron que esto demostraba que, después de todo, el Evangelio de Juan *no era* un documento confiable del primer siglo, sino que alguien lo escribió mucho después.

Entonces, más tarde, a mediados del siglo XIX, un arqueólogo alemán descubrió las ruinas de un estanque cerca de la Puerta de las Ovejas que coincidía a la perfección con la descripción de Juan. Resulta que, después de todo, Juan *no* lo inventó.

Luego está el estanque de Siloé, otro estanque mencionado en el Evangelio de Juan (Juan 9:7). Una vez más, este estanque permaneció enterrado durante siglos, pero luego, en 2004, unos constructores que estaban excavando para construir una alcantarilla tropezaron con el estanque exacto que describió Juan.

Juan no inventó estos lugares. Existieron en realidad. Y la evidencia estuvo ahí mismo bajo los pies de la gente todo el tiempo, esperando a que la encontraran.

△△△△△△△△△

Hay muchos otros ejemplos. Y, obviamente, ninguno de estos descubrimientos *prueba* que todos y cada uno de los detalles de las biografías de Jesús sean ciertos. Sin embargo, lo que sí nos *demuestran* es que esas biografías concuerdan en gran medida con el resto de la información histórica que ya tenemos, y esta es otra razón de peso para confiar en que los escritores del Nuevo Testamento nos dan información sólida y confiable sobre Jesús.

Capítulo 6

INVESTIGUEMOS LA TUMBA VACÍA

Recapitulemos lo que hemos descubierto hasta ahora. Para decidir que un relato de la historia antigua es de veras cierto, ¿qué tipo de evidencia te gustaría ver?

Bueno, en primer lugar, desearías ver las mismas afirmaciones repetidas por múltiples fuentes independientes, y en el caso de Jesús, eso es con exactitud lo que encontramos: al menos cinco fuentes independientes *dentro* de la Biblia, más otras diez o más menciones antiguas *fuera* de la Biblia.

En segundo lugar, desearías que esas afirmaciones sean *anteriores* (es decir, lo más cercanas posible a los hechos originales) y no *posteriores*. Y en el caso de Jesús, eso es exactamente lo que encontramos. Todas las fuentes del Nuevo Testamento se escribieron en la época en que vivía Jesús.

En tercer lugar, también sería útil encontrar detalles embarazosos dentro de esas fuentes, detalles que los escritores habrían *evitado* incluir, a menos que fueran ciertos. Y en el caso de Jesús, eso es con exactitud lo que encontramos: en una historia tras otra, los primeros seguidores de Jesús parecen avergonzados por completo.

En cuarto lugar, desearías comprobar que los detalles de tus fuentes históricas coincidan bien con lo que ya sabemos sobre la historia. Y en el caso de Jesús, eso es con exactitud lo que encontramos. Los Evangelios están firmemente conectados con la historia real y, hasta el día de hoy, los arqueólogos siguen desenterrando nuevas pruebas que demuestran que el mundo del Israel del siglo I era tal y como lo describe la Biblia.

Y cuando juntamos todo esto, se suman evidencias sólidas de que los relatos del Nuevo Testamento sobre la vida de Jesús no son solo mitos o leyendas. Son fuentes históricas genuinas que nos proporcionan información confiable sobre Jesús. Lo que significa que nos serán útiles en gran medida cuando por fin pasemos a nuestra siguiente pregunta importante.

¿Resucitó Jesús de entre los muertos en realidad?

Así que recuerda que, si queremos estar seguros de que el cristianismo es verdadero, de que Jesús era quien dijo ser, *esta es* la pregunta a la que todo se reduce. Y para *resolverla*, tenemos que empezar por la tumba de Jesús, la cueva donde lo sepultaron.

△△△△△△△△△

Imagina que eres uno de los líderes religiosos de Jerusalén, en la época en que condenaron a muerte en la cruz a Jesús. Estabas allí cuando los soldados romanos crucificaron a Jesús. Viste morir a Jesús con tus propios ojos.

También sabes dónde lo sepultaron, pues sabes que, después de la muerte de Jesús, otro miembro del Consejo, un hombre llamado José de Arimatea, fue a Poncio Pilato, le pidió el cuerpo de Jesús y lo sepultó en una tumba (Lucas 23:50-56).

Entonces, ahora imagina que, unos días después, empiezas a escuchar extraños rumores circulando por ahí: rumores de que Jesús ya no está muerto y que la gente lo volvió a ver vivo.

¿Cuál sería la forma más rápida de demostrar que esos rumores son falsos?

Sería fácil, ¿verdad? Todo lo que tendrías que hacer era ir a la tumba, tomar el cadáver de Jesús y decir:

«¿Ven? No volvió a la vida. ¡Tenemos su cuerpo aquí mismo!».

Excepto que eso no fue lo que pasó.

El viernes por la noche, Jesús estaba muerto y sepultado.

El domingo por la mañana, en cambio, la tumba estaba vacía.

El cuerpo de Jesús desapareció.

△△△△△△△△△

¿Cómo sabemos que la tumba estaba de veras vacía?

Bueno, en primer lugar, tenemos múltiples fuentes independientes que afirman que los primeros seguidores de Jesús visitaron su tumba y descubrieron que el cuerpo de Jesús no estaba allí (Marcos 16:6; Juan 20:1-2; 1 Corintios 15:3-5).

También tenemos evidencia de que los líderes religiosos de Jerusalén intentaron explicar la tumba vacía acusando a los discípulos de Jesús de haber entrado y robado su cuerpo (Mateo 28:11-15), lo que, como es obvio, no habrían necesitado hacer a menos que la tumba estuviera vacía de verdad.

Si la tumba de Jesús *no hubiera estado* vacía, los líderes de Jerusalén podrían haber sacado su cuerpo y desmentido los rumores de la resurrección en ese mismo momento. Si la tumba *no hubiera estado* vacía, la historia de la resurrección nunca habría tenido éxito.

En cambio, lo tuvo.

Debido a que, apenas unos días después del entierro de Jesús, la tumba estaba vacía en realidad.

Entonces, ¿cómo explicamos eso?

△△△△△△△△△

Imagínate que trabajas en una morgue, cuidando cadáveres. Llegas una mañana y encuentras la puerta de entrada abierta y un cuerpo desaparecido.

Con suerte, tu primer pensamiento no será: *¡Vaya! ¡Deben haber vuelto a la vida!*

Puesto que, como es obvio, hay una explicación mucho más sencilla: alguien debe haber entrado durante la noche y robado el cadáver.

Un cuerpo robado es mucho más probable que una resurrección.

Entonces, ¿cómo sabemos que eso no fue lo que pasó con Jesús? ¿Cómo sabemos que los discípulos no entraron, robaron su cuerpo y luego *fingieron* que estaba vivo de nuevo, tal como decían los líderes religiosos?

Bueno, como ya vimos en el capítulo 4, tenemos buenas razones para creer que los primeros seguidores de Jesús decían la verdad cuando contaron la historia de la vida de Jesús.

En cambio, aunque los discípulos de Jesús *hubieran* querido robar el cuerpo de Jesús, los líderes de Jerusalén habrían hecho todo lo posible para que eso fuera imposible.

Los líderes que mandaron matar a Jesús sabían que había estado hablando de volver a la vida. Como es natural, pensaban que eso era imposible, pero *sí* sospechaban que los discípulos podrían intentar robar su cuerpo y fingir una resurrección:

> *Al día siguiente, después del día de la preparación, los jefes de los sacerdotes y los fariseos se presentaron ante Pilato.*
>
> *—Señor —dijeron—, nosotros recordamos que mientras ese engañador aún vivía, dijo: "A los tres días resucitaré". Por eso, ordene usted que se selle el sepulcro hasta el tercer día, no sea que vengan sus discípulos, se roben el cuerpo y digan al pueblo que ha resucitado. Ese último engaño sería peor que el primero.*
>
> *—Llévense una guardia de soldados —ordenó Pilato—, y vayan a asegurar el sepulcro lo mejor que puedan.*

> *Así que ellos fueron, cerraron el sepulcro con una piedra, lo sellaron y dejaron puesta la guardia.* (Mateo 27:62-66)

La tumba de Jesús no solo la cerraron con una gran piedra. Estaba sellada y custodiada por soldados fuertemente armados.

Sin mencionar el hecho de que los discípulos de Jesús ni siquiera fueron lo suficientemente valientes como para quedarse y defender el cuerpo vivo de Jesús, cuando lo arrestaron. Entonces, ¿por qué de repente arriesgarían sus vidas para robar su cadáver?

Los discípulos de Jesús no movieron el cuerpo. Esta teoría no tiene sentido.

Y aun así, de alguna manera, la tumba de Jesús terminó vacía.

△△△△△△△△△

Por supuesto, la tumba vacía por sí sola no prueba que Jesús resucitó. Sin embargo, por lo menos, crea un misterio que no se puede explicar sin más, en especial cuando pasamos a nuestra siguiente evidencia: los múltiples testigos oculares que informaron haber visto a Jesús vivo de nuevo después de muerto.

Capítulo 7

INVESTIGUEMOS EL TESTIMONIO DE LOS amigos DE JESÚS

Digamos que en lugar de escribir un libro sobre la real y verdadera resurrección de Jesús, decido escribir un libro sobre una resurrección falsa en mi escuela, que yo mismo invento.

Por alguna extraña razón, mi editor se niega a imprimir *La resurrección real por completo en mi escuela que de seguro no inventé*, así que decido publicarlo en línea yo mismo.

Una semana después, el director de mi escuela me llama a su oficina.

Me dice que leyó el libro y que no está contento. Dice que no puede permitir que sus profesores difundan mentiras absurdas sobre su escuela.

Mi jefe me da a elegir: o admito de inmediato que mentí, retiro el libro de la internet y envío una disculpa pública, o pierdo mi trabajo.

¿Qué elegiré?

Evidentemente, si tengo medio cerebro, ¡diré que lo siento y admitiré que mentí! Puede que intentar engañar a la gente para que crea mi historia inventada me pareciera una idea divertida en su momento, ¡pero no puedo permitirme perder mi trabajo por eso!

Entonces, digamos que no tengo ni medio cerebro. Me convenzo de que mi libro de resurrección inventado es mi billete a la fama y la fortuna, y dejo que mi jefe me despida. *Sigo* mintiendo sobre todo esto, hasta que al final las cosas se me van tanto de las manos que aparece la policía en mi puerta. Me dicen que debo rendirme y admitir que he estado mintiendo o iré a la cárcel.

¿Qué elegiré *ahora*?

Bueno, a estas alturas la elección es aún más obvia, ¿verdad?

¡No vale la pena ir a la cárcel por esta tonta mentira!

O digamos que me encuentro en una situación aún *peor*. Digamos que no es la policía la que viene a mi casa, sino alguien mucho más peligroso.

Es de madrugada. Me despierto sobresaltado en la cama al oír una piedra que atraviesa la ventana de mi habitación. Cuando miro más de cerca, veo que la piedra tiene una nota envuelta. Desato la nota y encuentro una sola frase garabateada en el papel: *Admite que has estado mintiendo o estás muerto.*

A estas alturas, *no hay forma* de que siga con la mentira.

Puesto que si mi mentira iba a beneficiarme de alguna manera, si me iba a dar dinero, poder o lo que fuera, seguro que tal vez la siga contando.

En cambio, si todo lo que mi mentira iba a traerme era sufrimiento y muerte, ¿por qué iba a aferrarme a ella?

△△△△△△△△△

Hemos visto que muchos de los escritores de la Biblia conocieron a Jesús por sí mismos. Por ejemplo, démosle un vistazo a lo que Juan, uno de los primeros discípulos de Jesús, dice sobre Jesús:

> *Lo vimos con nuestros propios ojos y lo tocamos con nuestras propias manos. (1 Juan 1:1,* NTV*)*

Y desde el principio, Juan y otros afirmaron que Jesús estaba vivo de nuevo. Los primeros discípulos de Jesús dijeron que no solo lo *vieron*, sino que también lo escucharon, comieron con Él y hablaron con Él después que resucitó (por ejemplo, Juan 21:12-13). Afirmaron que tuvieron encuentros reales, repetidos, innegables y de primera mano con Jesús resucitado.

Lo que en esencia nos deja dos posibilidades:

1. Mentían.

2. Decían la verdad.

Y aunque tal vez no sepamos con certeza si los primeros seguidores de Jesús mentían o no, *ellos* lo sabían con certeza. *Ellos* sabían si de veras vieron a Jesús vivo de nuevo.

Entonces, veamos la primera posibilidad: que la resurrección de Jesús sea una mentira inventada por sus primeros seguidores.

La primera pregunta obvia es: *¿Por qué se molestarían?*

¿Por qué renunciarían a toda su vida para seguir a un hombre que *sabían* que estaba muerto?

Como ya vimos al principio de este libro, los primeros seguidores de Jesús insistieron todo el tiempo en que si Jesús *no hubiera* resucitado, eso demostraba que era un fraude, y que seguirlo no serviría de nada (1 Corintios 15:14).

Los discípulos no tenían ninguna razón para fingir que Jesús estaba vivo de nuevo si no era así, y tenían razones *extremadamente* buenas para no fingir que estaba vivo otra vez.

Debido a que, como ya vimos, en primer lugar los mismos líderes religiosos que mataron a Jesús trabajaban mucho para detener los rumores de que Jesús había resucitado, y eso significaba arrestar, golpear e incluso matar a cualquiera que dijera que era seguidor de Jesús.

Apegarse a la historia de la resurrección de Jesús no les trajo a sus primeros seguidores dinero, poder ni una vida fácil. Les trajo dolor, sufrimiento, encarcelamiento y muerte.

Y aun así, nunca renunciaron a su afirmación de que Jesús había resucitado.

Si la resurrección de Jesús era una mentira, ellos *sabían* que era una mentira; entonces, ¿por qué se aferraban a ella, cuando no tenían nada que ganar y mucho que perder?

Por otro lado, si la resurrección de Jesús era cierta, ellos *sabían* que era cierta y, de repente, su comportamiento tiene mucho sentido.

¿Por qué los primeros seguidores de Jesús dedicaron sus vidas a anunciar su muerte y resurrección? Porque estaban convencidos de que, a través de la muerte y resurrección de Jesús, Dios les daba la bienvenida a todos, en todas partes, a fin de que volvieran a casa, a la vida eterna con Él. Sabían que esta era la mejor noticia en la historia del universo y que valía la pena darla a conocer, costara lo que costara.

¿Y por qué los primeros seguidores de Jesús no renunciaron a su historia, ni siquiera ante la muerte? Porque sabían que la muerte no era el final de la historia de Jesús, lo que significaba que, si permanecían con Él, tampoco tenía por qué ser el final de *su* historia.

Si la historia de la resurrección de Jesús era una mentira, se debía haber eliminado con facilidad desde el principio. En lugar de eso, se extendió como un reguero de pólvora por todo el mundo antiguo y, dos mil años después, sigue siendo fuerte.

Capítulo 8

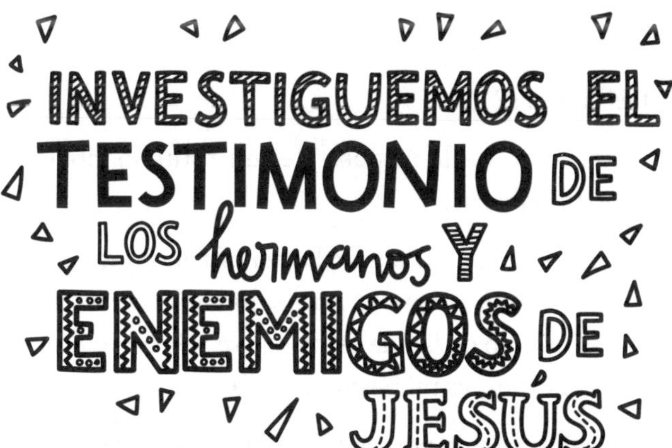

INVESTIGUEMOS EL TESTIMONIO DE LOS hermanos Y ENEMIGOS DE JESÚS

Imagina a tu hermano o hermana. (O, si no tienes uno, imagínate a un amigo cercano con el que crecieras). Conoces sus hábitos. Sabes lo que les hace felices, los pone tristes o frustrados. Es probable que pudieras imitarlos muy bien. Puedes pensar en muchos momentos importantes y memorables que disfrutaron juntos, pero más que eso, tienen innumerables pequeños recuerdos de los innumerables días normales que pasaron juntos.

De acuerdo. Ahora imagina que tu hermano o hermana (o quien sea) de repente comienza a salir en público y dice ser la nueva reina o rey de tu país. ¡Y no cualquier reina o rey! Imagínate que empiezan a dar pistas no tan sutiles de que son *Dios*, aquí en la tierra en forma humana.

¿Les creerías?

Si eres como yo, la respuesta es un rotundo, obvio e incuestionable *no*.

Es decir, me resultaría difícil creer afirmaciones como esa si *alguien* las hiciera, pero si hay una persona en todo el mundo de la que estoy *seguro* por completo de que no es Dios, es mi hermana.

No es que sea una persona horrible ni nada por el estilo. Ella es genial.

Sin embargo, ella es mi *hermana*.

Durante más de treinta años, hemos vivido juntos vidas ordinarias por completo y sin complicaciones. Como es obvio, si intentara convencerme de que es una especie de gobernante salvadora o Dios que salva el mundo, ¡diría que está loca!

Por eso, es probable que no deba sorprendernos que eso fuera *exactamente* lo que los hermanos de Jesús pensaban de Él.

△△△△△△△△△

Después del nacimiento de Jesús, su madre, María, y su esposo, José, tuvieron muchos hijos más. Jesús creció en un pueblo llamado Nazaret, rodeado de hermanos y hermanas.

La primera vez que conocemos a los hermanos de Jesús en la Biblia, Jesús tenía unos treinta años. Acababa de regresar a Nazaret después de pasar un tiempo recorriendo los pueblos cercanos, afirmando que, a través de *Él*, Dios vino a rescatar a su pueblo.

> *Después de esto, Jesús regresó a la casa. Y era tanta la gente que volvió a reunirse, que ni él ni sus discípulos podían siquiera comer. Cuando los familiares de Jesús supieron lo que hacía, fueron para llevárselo, porque decían que se había vuelto loco. (Marcos 3:20-21, TLA)*

Cuando Jesús comienza a actuar como si fuera el Rey prometido por Dios desde hace mucho tiempo, su familia intenta apartarlo de la multitud y hacerle entrar en razón. ¡Creen que se ha vuelto loco!

Es lo que cabría esperar, ¿verdad?

No obstante, avanzamos unas cuantas décadas y encontramos algo que no esperarías en absoluto. Se trata de una carta escrita por Santiago, el hermano de Jesús. En esta carta, Santiago se presenta como un «siervo de Dios y del Señor Jesucristo» (Santiago 1:1), y luego pasa a llamar a Jesús «nuestro glorioso Señor Jesucristo» (2:1).

Y unos años después, encontramos una carta escrita por Judas, otro de los hermanos de Jesús. Judas también se presenta como «siervo de Jesucristo» (Judas 1), y luego continúa describiendo a Jesús como «nuestro único Soberano y Señor» (v. 4) y el que puede llevarte «a vida eterna» (v. 21).

Por mucho que quiera a mi hermana, de ninguna manera voy a empezar a llamarla «nuestro glorioso Señor Jesucristo» a corto plazo, pero así es que lo describen los hermanos de Jesús.

Y esto es lo más difícil de explicar: no tenemos ninguna evidencia que sugiera que los hermanos de Jesús lo siguieran en algún momento antes de morir.

Así que no solo es que los hermanos de Jesús cambiaran de opinión y decidieran que Jesús era de veras el glorioso Rey del universo. ¡Es que cambiaron de opinión *después* que Jesús ya había muerto!

¿Por qué?

¿Qué les hizo cambiar de opinión?

Bueno, la Biblia dice que, al menos para Santiago, la respuesta fue ver a su hermano antes muerto vivo de nuevo en persona (1 Corintios 15:7).

Y eso es lo único que lo haría, ¿verdad?

Piensa en la evidencia que necesitarías para estar convencido de que tu propio hermano o hermana era Dios, pues *cualquier* evidencia que los hermanos de Jesús necesitaban para pasar de pensar que estaba loco a adorarlo como Rey... la tenían.

¿Qué otra cosa sino una resurrección podría explicar eso?

△△△△△△△△△

Y los hermanos de Jesús no fueron los únicos que empezaron a seguir a Jesús después de su muerte.

En el libro de los Hechos del Nuevo Testamento conocemos a un hombre llamado Saulo, que formaba parte de un grupo religioso llamado los fariseos, el grupo responsable de arrestar a Jesús y convencer a Poncio Pilato de que lo matara.

Saulo se obsesionó con silenciar a *cualquiera* que dijera que Jesús resucitó de entre los muertos. Emprendió una misión para localizar a los seguidores de Jesús y hacer que los arrestaran e incluso los mataran.

Si cambiar la opinión de los hermanos de Jesús acerca de Jesús fue un desafío enorme, cambiar la opinión de *Saulo* era imposible. ¡Eso *nunca* sucedería!

Bueno, quiero decir, hasta que sucedió.

Si abres el Nuevo Testamento de tu Biblia, encontrarás *trece* cartas escritas por Saulo (o, como se le conocía en ese momento, Pablo), gritando alabanzas al Jesús resucitado.

Casi de la noche a la mañana, pasó de encarcelar a personas por adorar a Jesús a ser encarcelado por adorar al mismo Jesús. Dedicó el resto de su vida a anunciar la noticia de que Jesús estaba vivo.

Y debemos hacernos la pregunta de nuevo: *¿Qué pudo haberlo hecho cambiar de opinión?*

Bueno, según Pablo, es porque *conoció* a Jesús resucitado (1 Corintios 15:8), y resulta que es mucho más difícil creer que alguien está muerto cuando estás conversando con esa persona.

△△△△△△△△△

Por eso, cuando buscamos la verdad sobre la resurrección de Jesús, no solo tenemos que explicar el comportamiento de los discípulos originales de Jesús, los que ya le seguían antes de morir.

También tenemos que explicar por qué estas personas que estaban en *contra* por completo de creer que Jesús era quien decía ser, de repente cambiaron y comenzaron a seguirlo *después que ya lo habían matado*.

Y en caso de que estés pensando: *Sí, pero ese es todavía un grupo muy pequeño de personas; todavía podría ser todo inventado*, tenemos un grupo más de testigos presenciales para comprobar.

Y esta vez no se trata de un grupo pequeño.

Esta vez, hay quinientos de ellos.

Capítulo 9

INVESTIGUEMOS EL TESTIMONIO DE LOS OTROS 500 TESTIGOS PRESENCIALES

Volvamos a esa situación imaginaria en la que decido escribir un libro sobre una falsa resurrección en mi escuela.

Como es obvio, hiciera lo que hiciera, sería una afirmación extremadamente difícil de hacerte creer. Y si quisiera tener alguna oportunidad de convencerte, claro que hay una cosa que *tendría* que hacer: mantenerte alejado de todos los demás en mi escuela.

Pues en cuanto llamaras a la oficina, o enviaras un correo electrónico a mi director, o hablaras con alguno de los otros profesores, o con cualquiera que fuera en realidad a mi escuela, te darían la misma respuesta: «¿De qué estás hablando? Eso nunca ocurrió. Se lo inventó todo».

Tan pronto como hablaras con las personas que de seguro estaban presentes en el momento en que se suponía que ocurriera esta supuesta resurrección, toda mi historia se desmoronaría.

Así que si quisiera tener *alguna* esperanza de convencerte de una mentira como esa, la cosa más tonta que podría decir sería: «¡Pregúntale a cualquiera! ¡Todos lo vieron!».

Pues *no* todos lo vieron.

Y cuanto más hablaras con ellos, más obvio sería que me lo había inventado todo.

△△△△△△△△△

Por otro lado, si se produjo una resurrección *real*, y si cientos de personas vieran a esta persona muerta viva de nuevo, ir y hablar con algunas de esas personas sería una manera fantástica de confirmar que la historia era cierta.

Si, por ejemplo, pudiéramos hablar con quinientas personas diferentes que hubieran visto a Jesús vivo de nuevo con sus propios ojos, eso cambiaría en gran medida las reglas del juego en nuestra búsqueda para averiguar si la resurrección de Jesús fue un hecho histórico real.

¿No sería asombroso si tuviéramos acceso a ese tipo de evidencia?

Pues bien, la buena noticia es que sí lo tenemos.

En algún momento entre los años 53 y 57 d. C., Pablo escribió una carta a un grupo de cristianos en la ciudad griega de Corinto.

Hacia el final de esta carta, Pablo describió los detalles clave del mensaje de Jesús. Si los corintios querían saber los hechos más básicos acerca de las buenas nuevas de Jesús, dijo Pablo, esto es lo que necesitaban saber:

- Jesús murió en nuestro lugar para pagar el precio de todas las formas en que hemos arruinado nuestras relaciones con Dios, tal como Dios prometió que lo haría (1 Corintios 15:3).
- Jesús resucitó al tercer día, tal como Dios prometió que lo haría (v. 4).
- Jesús se le apareció a Cefas (también conocido como Pedro) y al resto de sus doce discípulos, mostrándoles que estaba vivo (v. 5).
- Jesús se les apareció vivo de nuevo a más de quinientos testigos al mismo tiempo (v. 6).

Y entonces Pablo incluyó este detalle: *Algunos de esos quinientos testigos ya murieron, pero en su mayoría están vivos todavía* (v. 6).

¿Por qué Pablo dijo esto?

Estaba invitando a los corintios a ir y verificar su historia.

Estaba invitando a los corintios a comprobar su historia.

Estaba diciendo: *No me estoy inventando esto. Todos ellos también vieron a Jesús vivo de nuevo. Si no me crees, ve a comprobarlo con ellos. ¡Pregúntale a cualquiera! ¡Todos lo vieron!*

Ahora bien, es obvio que no podemos ir a hablar con esos testigos oculares. Han pasado casi dos mil años desde que Pablo escribió su carta a los corintios, y los quinientos ya están muertos.

Sin embargo, los lectores originales de esta carta *podían* ir y preguntar.

Si no estaban convencidos de la afirmación de Pablo de que Jesús resucitó de entre los muertos, podían ir a buscar a uno de estos testigos, tocar a su puerta y preguntarle si Pablo decía la verdad.

Y si todavía no estaban seguros, podían ir a tocar otra puerta y preguntarle a otra persona.

Y a otra.

Y a otra.

Podían seguir tocando puertas, interrogando a testigos presenciales y verificando los hechos de la historia de Pablo, una y otra vez, hasta que estuvieran convencidos de que Pablo decía la verdad en realidad.

△△△△△△△△△

Sin embargo, quizá te preguntes: ¿en qué nos ayuda eso?

Es decir, claro, eso es genial para los lectores del primer siglo, allá en Corinto.

Entonces, ¿de qué nos sirve a nosotros, aquí en el siglo XXI, mucho después de la muerte de todos esos testigos?

Bueno, como dije al principio del capítulo, si estuviera tratando de convencerte acerca de una resurrección *falsa*, lo más tonto que podría decir sería: «¡Pregúntale a cualquiera! ¡Todos lo vieron».

Pues cuando ibas y preguntabas, te dabas cuenta enseguida de que me lo había inventado todo.

¡Pero esta es *exactamente* la estrategia que eligió Pablo!

Estaba tan *seguro* de su afirmación de que Jesús resucitó de entre los muertos, que invitó a los corintios a preguntar y confirmarlo por sí mismos.

Y aquí está la cuestión: si Pablo estaba mintiendo acerca de la resurrección de Jesús, los corintios se habrían *dado cuenta* de que era mentira tan pronto como empezaron a preguntar por ahí. Y una vez que se hubieran dado cuenta de que Pablo mentía, habrían tirado su carta a la basura, habrían renunciado a seguir a Jesús y habrían seguido con sus vidas.

Pero eso no fue lo que pasó.

En cambio, los lectores originales de Pablo pensaron que sus cartas eran *tan importantes* que las copiaron una y otra vez, y así es que todavía *tenemos* acceso a ellas, casi dos mil años después.

Y la explicación más lógica para esto es que Pablo decía la verdad: que cuando sus lectores fueron a comprobar su historia, encontraron un testigo tras otro que dijo: «Sí, sé que puede parecer una locura, pero es verdad. Jesús no se quedó muerto. Está vivo de nuevo. Lo vi con mis propios ojos».

Capítulo 10

INVESTIGUEMOS EL CRECIMIENTO EXPLOSIVO DE LA IGLESIA

¿Cuánto sabes sobre un hombre llamado Simón de Perea?

¿Qué hay de Judas el Galileo? (No el famoso Judas Iscariote que traicionó a Jesús; me refiero al líder rebelde del primer siglo).

¿Y un hombre llamado Teudas?

A menos que estés *muy* interesado en la historia judía del siglo I, supongo que nunca habrás *oído* hablar de estos hombres.

Lo cual es interesante, pues todos tienen bastante en común con Jesús.

Mira, Jesús no fue la única persona de su tiempo que anduvo afirmando ser un nuevo rey. El pueblo judío *detestaba* que el Imperio romano hubiera invadido su tierra y se hubiera puesto al mando. Así que esperaban un salvador, al que llamaban el *Mesías*, el rey salvador que creían que Dios prometió que vendría y los liberaría.

Y había *mucha* gente esperando en la fila para presentar su mano para el trabajo. Jesús solo era uno de un montón de maestros y líderes que aparecieron y dijeron: «¡Síganme! ¡Voy a rescatar a nuestro pueblo!».

Entonces, ¿cómo es que Jesús es el único del que has oído hablar?

Para responder a esa pregunta, démosle un vistazo más de cerca a algunos de estos otros aspirantes a reyes...

△△△△△△△△△

Según Josefo, Simón de Perea fue una vez esclavo de Herodes el Grande, el rey a quien los romanos pusieron al mando de Israel. Entonces, cuando Herodes murió, Simón se proclamó a *sí mismo* el nuevo rey. Se consiguió una corona, reunió a un grupo de seguidores y quemó el palacio real de Jericó, junto con muchas otras casas de Herodes. Entonces Grato, el comandante del ejército de Herodes, persiguió a Simón y le cortó la cabeza, y todos los seguidores de Simón huyeron y desaparecieron.

La rebelión de Simón de Perea murió con él.

Casi al mismo tiempo, después que el Imperio romano aumentara los impuestos que le cobraba al pueblo judío, Judas el Galileo decidió que ya era suficiente. Reunió a un grupo de seguidores y lideró una violenta rebelión contra Roma. Lo lamentable para Judas fue que Roma respondió con la misma violencia. Mataron a Judas y a muchos de sus seguidores, y los que quedaron huyeron y desaparecieron.

La rebelión de Judas el Galileo murió con él.

Luego está Teudas. En realidad, lo más probable es que fueran dos hombres llamados Teudas que lideraron dos rebeliones *diferentes*.

El primer Teudas entró en escena *antes* que Judas el Galileo. Reunió alrededor de cuatrocientos seguidores antes de que lo asesinaran los romanos.

El segundo Teudas llegó *después* de Judas el Galileo. Afirmó que Dios mismo lo envió para liberar a su pueblo de los romanos, una afirmación que se vino un poco abajo cuando una tropa de jinetes romanos lo persiguió y le cortó la cabeza.

Y en ambas ocasiones, después que mataron a estos hombres, los seguidores sobrevivientes huyeron y sus rebeliones murieron con ellos, ¿pues quién en su sano juicio seguiría poniendo sus esperanzas en un líder muerto?

Una y otra vez vemos el mismo patrón:

1. Aparece un líder y dice: «¡Sígueme! ¡Voy a rescatar a nuestro pueblo!».
2. El líder reúne una multitud de seguidores entusiasmados.
3. Los romanos matan al líder.
4. Sus seguidores huyen y se esconden.
5. El movimiento del líder se extingue y cae en el olvido.

Así que tiene sentido que nunca hayas oído hablar de ninguno de estos hombres. ¡Son un puñado de rebeldes de hace dos mil años de un pequeño rincón del Imperio romano que fracasaron en lo único que podría haberles hecho famosos!

Luego, llegamos a Jesús:

1. Jesús apareció y dijo: «¡Sígueme! ¡Voy a rescatar a nuestro pueblo!».
2. Reunió a una multitud de seguidores emocionados.
3. Lo mataron los romanos.
4. Sus seguidores huyeron y se escondieron.

Y entonces... sucedió algo extraño por completo.

Pocos días después de la muerte de Jesús, sus seguidores volvieron a reunirse. Y, en lugar de desaparecer y caer en el olvido como cualquier otro movimiento, el movimiento de Jesús comenzó a *hacerse más grande*. Casi de la noche a la mañana, reunió a miles de nuevos seguidores.

Y a pesar de que tanto el Imperio romano *como* los líderes religiosos judíos hicieron todo lo que pudieron para acabar con el mensaje de Jesús, a pesar de que a los seguidores de Jesús los golpeaban y encarcelaban con regularidad e incluso *mataban* por seguirlo, el movimiento de Jesús siguió creciendo.

¿Cómo explicamos eso?

△△△△△△△△△

No mucho después que Jesús muriera (y, según sus seguidores, resucitara y regresara al cielo), un maestro llamado Gamaliel dijo algo que creo que tiene mucho sentido.

Lucas registra una escena en el libro de los Hechos en la que Gamaliel y un grupo de otros líderes religiosos judíos discuten qué hacer con los primeros discípulos de Jesús, y con esta afirmación que difundían de que Jesús volvió a la vida.

Durante la conversación, Gamaliel se levanta y dice esto...

> *Hace algún tiempo surgió Teudas, jactándose de ser alguien, y se le unieron unos cuatrocientos hombres. Pero lo mataron y todos sus seguidores se dispersaron y allí se acabó todo. Después de él surgió Judas el galileo, en los días del censo, y logró que la gente lo siguiera. A él también lo mataron y todos sus secuaces se dispersaron. En este caso aconsejo que dejen a estos hombres en paz. ¡Suéltenlos! Si lo que se proponen y hacen es de origen humano, fracasará; pero si es de Dios, no podrán destruirlos, y ustedes se encontrarán luchando contra Dios. (Hechos 5:36-39)*

Si la resurrección de Jesús es inventada, dice Gamaliel, *si Jesús es solo otro falso Mesías, solo otro líder rebelde muerto como Teudas, Judas y todos los demás, sus seguidores desaparecerán, tal como lo hicieron todos los suyos*.

En cambio, si Jesús resucitó de veras, si es el Mesías en realidad, este movimiento que se inició será absolutamente imparable.

Y lo fue.

Así que la pregunta es: si Jesús *no* volvió a la vida, ¿por qué sus seguidores continuaron siguiéndolo? ¿Por qué has oído hablar de Él?

Bueno, vas a tener que encontrar tu propia respuesta a esa pregunta.

No obstante, si me preguntas a mí, la respuesta que más sentido tiene de la evidencia es que Gamaliel tenía razón, que tenía incluso *más* razón de la que creía. En mi opinión, la razón más lógica por la que el mensaje de Jesús no murió con Él es que Jesús no permaneció muerto.

Capítulo 11

Si es verdad... ¿QUÉ DEBO HACER?

Cuando dedicas de veras el tiempo para investigar la afirmación de que Jesús resucitó de entre los muertos, surgen un montón de preguntas bastante importantes.

Por ejemplo, si Jesús *no* volvió a la vida...

¿Cómo es que su tumba fuertemente custodiada de repente quedó vacía?

¿Por qué todos los amigos más cercanos de Jesús afirmaron haber visto a Jesús vivo otra vez? ¿Y por qué se aferraron a esa historia, incluso cuando eso significaba que los golpearan, encarcelaran y hasta asesinaran?

¿Por qué los hermanos de Jesús (quienes, antes de la muerte de Jesús, todos pensaban que estaba loco) de repente cambiaron de opinión *después* de la muerte de Jesús y empezaron a adorar a su propio hermano como el Rey resucitado del universo?

¿Qué hizo que Pablo pasara de repente de atacar con violencia a los primeros seguidores de Jesús a *unirse* a ellos y dedicar su vida a afirmar que Jesús estaba vivo? ¿Y qué hay de esos otros *quinientos* testigos presenciales con los que Pablo invitaba a sus lectores a conversar?

Y si *a todos los demás líderes* que afirmaron ser el Mesías prometido por Dios los abandonaron sus seguidores tan pronto como los romanos los asesinaron, ¿por qué sucedió todo lo *contrario* con Jesús?

Disponemos de pruebas históricas confiables de todos estos acontecimientos, por lo que la pregunta es: *¿Cuál es la mejor manera de explicarlos?*

Si la resurrección de Jesús no ocurrió, nada de eso parece tener mucho sentido.

Entonces, si la resurrección ocurrió en realidad, este es con exactitud el tipo de evidencia histórica que uno esperaría que dejara.

△△△△△△△△△

«Sin embargo», tal vez te estés preguntando, «si las evidencias de la resurrección de Jesús son de veras tan fuertes como dices, ¿por qué no las creen *todo* el mundo? ¿Por qué todavía hay tanta gente que piensa que esto nunca sucedió?».

Es una gran pregunta, y creo que la respuesta es diferente para cada persona.

En primer lugar, he conocido a muchas personas que dicen: «No creo en la resurrección, pues no hay suficiente evidencia», pero muy a menudo la verdad es que no han dedicado mucho tiempo a investigarla. Solo *dan por sentado* que no hay mucha evidencia en lugar de tomarse el tiempo para averiguarlo.

Tal vez tú fueras así antes de empezar este libro. De ser así, espero haber podido mostrarte que hay muchas más razones para creer en la resurrección de Jesús de las que pensabas.

△△△△△△△△△

Luego hay otras personas que dicen: «No me importa cuánta evidencia creas que tienes, debe haber otra explicación, pues los muertos *no pueden* volver a la vida. Eso sería un *milagro* y la ciencia dice que los milagros no son reales».

En cambio, lo cierto es que la ciencia no dice eso en absoluto.

Lo que la ciencia sí nos dice es cómo funciona *habitualmente* el universo. Observamos el mundo que nos rodea, realizamos experimentos y vamos descubriendo, poco a poco, cómo está formado nuestro universo.

La ciencia es nuestro *mejor* recurso para averiguar las reglas normales del universo.

Reglas como: *Los muertos permanecen muertos.*

Y cuando la Biblia habla de milagros, no discute *nada* de eso.

Dice: *¡Sí, por supuesto que esas reglas son ciertas! ¡Así es que Dios estableció las cosas cuando creó el universo en un principio! Sin embargo, como Dios fue el que inventó las reglas normales del universo, puede intervenir y romperlas cuando quiera.*

Si estás dispuesto a mantener la mente abierta acerca de Dios, tiene mucho sentido que también mantengas la mente abierta sobre los milagros.

△△△△△△△△△

No obstante, creo que hay una tercera razón por la que algunas personas niegan la resurrección.

Puede que no admitan que esa es su verdadera razón. Puede que ni siquiera se *den cuenta*. Lo más probable es que señalen alguna de las otras razones de las que ya hablamos. A decir verdad, creo que, en el fondo, algunas personas no *quieren* que la resurrección de Jesús sea cierta.

Pues, como dije al principio de este libro, Jesús afirmó ser mucho más que un simple líder o rey; hizo afirmaciones sobre sí mismo que solo *Dios* podía hacer en realidad.

Jesús afirmó que todos y cada uno de nosotros rompimos nuestra relación con Dios, y que solo *Él* podía arreglar las cosas de nuevo. Jesús afirmó que, a través de su muerte y resurrección, estaba haciendo un camino para que cualquiera que pusiera su confianza en Él pudiera volver a casa con Dios. Jesús afirmó ser nuestra *única esperanza* para una vida eterna, una que dure para siempre.

Y si Jesús *resucitó* de entre los muertos en realidad, esas no son solo afirmaciones. Son verdad.

Lo que significa que la verdad de la resurrección no solo es una cuestión *histórica*.

Es una cuestión *personal*.

Pues si la resurrección es verdadera, debería transformar toda nuestra vida. Si Jesús volvió a la vida *en realidad*, Él es nuestro único Dios y Rey verdadero, y *todo el mundo* debería seguirle. Lo que significa entregarle el control de nuestras vidas y dejar que Jesús esté a cargo.

Y no todo el mundo quiere poner a Jesús a cargo.

Hace un tiempo, un pastor que conozco empezó a reunirse cada semana con un amigo suyo para poder leer la Biblia juntos. Entonces, un día, su amigo dijo que quería dejar de hacerlo.

El pastor se preguntó si tal vez dijo algo para ofender a su amigo, si su amigo se estaba aburriendo o si solo decidió que la Biblia no era verdad.

En cambio, el amigo dijo que no, que no era que hubiera decidido que la resurrección de Jesús no podía ser cierta. En realidad, era todo lo contrario: cuanto más investigaba, más convencido estaba de que la resurrección *era* verdadera.

Lo que significaría que Jesús era quien decía ser en realidad.

Lo que significaría que la única respuesta sensata sería darse la vuelta y seguirlo.

Y este hombre no quería hacer eso.

Así que solo se alejó de todo el asunto.

△△△△△△△△△

Sin embargo, quizá *ese* no sea tampoco tu caso.

Tal vez este libro te haya mostrado que hay más evidencias de la resurrección de las que pensabas, y tal vez estés abierto a que sea verdad, pero todavía no estás del todo convencido. Tal vez estés tratando con sinceridad de resolver todo esto y quieras saber la verdad, pero todavía tienes muchas preguntas y dudas.

¡Eso está muy bien! Las preguntas y dudas no son malas. Demuestran que seguimos aprendiendo, creciendo y descubriendo cosas.

Y la buena noticia es que *hay* mucho más que aprender sobre la vida, la muerte y la resurrección de Jesús de lo que pude incluir en este pequeño libro. Hay montones enteros de otras evidencias que ni siquiera he tenido espacio para mencionar.

No obstante, la verdad es que la evidencia por sí sola no va a hacernos cambiar de opinión. Puesto que, como dije, esta no solo es una cuestión histórica. Es personal, en parte por lo que dije antes y en parte porque *Jesús mismo* es una persona. Y la verdad es que la única manera de estar de veras convencido de Él es si intentas conocerlo por ti mismo, lo cual, si de veras está vivo, pronto descubrirás que es posible por completo.

Intenta leer las biografías de Jesús en la Biblia. (Si nunca lo has hecho, te sugiero que empieces por el

Evangelio de Marcos; y si necesitas ayuda para entenderlo, escribí otro libro titulado *Best News Ever* [Las mejores noticias de todos los tiempos], a fin de guiarte paso a paso).

Intenta hacer de la oración una parte habitual de tu rutina. Pídele a Jesús que te ayude a seguir descubriendo quién es Él.

Si tienes amigos o personas en tu familia que siguen a Jesús, pregúntales por qué creen en estas cosas. Y si aún no eres parte de una comunidad de la iglesia, unirte a una es algo grandioso, pues conocer a Jesús es mucho más fácil y gratificante cuando tienes a otras personas en el camino contigo.

Y si ya estás haciendo todo eso... ¡genial! Espero que este libro te haya dado aún más razones para seguir confiando en Jesús, y espero que te haya dado aún más confianza y entusiasmo para contarles a otras personas la razón de la maravillosa esperanza que tienes en Él. ¡Quizá hasta quieras pasarle este libro a un amigo y testificarle de las buenas nuevas de esa manera!

Y seas quien seas, y estés donde estés con todo esto, no dejes de explorar.

Puesto que el mensaje del cristianismo no solo es *verdad*: ¡es la mejor noticia de toda la historia! Y a medida que sigas investigando, que sigas haciendo preguntas, que sigas conociendo a Jesús, descubrirás que Él está más que vivo. Él es fuerte y bondadoso, y te ama más de lo que puedas imaginar, y la vida con Él es la vida más rica, más plena y mejor de la que puedas imaginar.

Referencias

Lo curioso de escribir un libro sobre historia antigua es que, si haces bien tu trabajo, muy pocas de tus ideas son originales. Sin duda, ese es el caso de este libro. A lo largo de los últimos veinte años, más o menos, mi investigación sobre Jesús ha contado con la ayuda de todo tipo de grandes autores y maestros en todo tipo de situaciones (demasiados para enumerarlos aquí), pero estas personas en particular merecen una mención especial:

Cuando estaba en el instituto y empecé a explorar por mi cuenta todo este asunto de las evidencias a favor de Jesús, tres libros que me resultaron increíblemente útiles fueron *El caso de Cristo* de Lee Strobel, *¿Quién movió la piedra?* de Frank Morison, y *A Hell of A Life* de John Dickson. Estos autores me ayudaron a comprender de una manera nueva y profunda que las afirmaciones de la Biblia sobre Jesús están respaldadas por evidencias históricas sólidas. Las verdades de esos libros han estado dando vueltas en mi cerebro desde entonces, y estoy seguro de que muchas de ellas han llegado a este libro de una forma u otra.

En 2013, tuve el privilegio de viajar por Israel/Palestina, y visitar muchos de los sitios antiguos de los que hablo en este libro. Mis guías turísticos en ese viaje fueron John Dickson y Stephen Langfur, quienes llenaron mi cerebro con innumerables conocimientos sobre cómo los historiadores antiguos ven la Biblia, que han sido inmensamente valiosos al escribir este libro.

Mi descripción de lo que la Biblia significa cuando habla de la «fe» se debe en gran medida a una charla increíblemente útil que Amy Orr-Ewing presentó en mi escuela hace un par de años.

La enorme diferencia entre otros maestros que dicen: «Aquí está el camino» y Jesús que dice: «Yo soy el camino», fue algo que capté por primera vez en un sermón de Timothy Keller, y la idea de que el punto de Lucas 3:1-3 es situar a Jesús en la historia real es algo que escuché por primera vez en un sermón de Jeff Manion.

Y, por último, Richard Bauckham escribió un libro (gigantesco) titulado *Jesus and the Eyewitnesses*, que me ayudó a entender y explicar por qué los relatos del Nuevo Testamento sobre la vida de Jesús no podían ser solo mitos que se desarrollaron con el tiempo.

Agradecimientos

Gracias a Rachel Jones por ser una editora tan perspicaz y paciente, a André Parker por su increíble diseño, a Emma Randall por las fantásticas ilustraciones y portada, y a todo el equipo de TGBC por apoyar esta serie y ayudarla a ser lo mejor posible.

Muchas gracias a Hannah Chalmers, Micah Ford, Corlette Graham, Ella y Fran Jewell, Hannah, Grace y Georgie Moodie, y Sophia Tollitt, por leer los primeros borradores de este libro. Sus opiniones y ánimos han sido increíblemente útiles.

Gracias al personal, los estudiantes y las familias de PLC Sydney. Es uno de los grandes privilegios de mi vida contarles las buenas nuevas de Jesús a ustedes cada semana. En particular, gracias a mis clases del quinto curso de 2020 (5B, 5E, 5O y 5W), que fueron los primeros en escuchar estos libros y me proporcionaron muchísimos comentarios útiles.

Gracias a mamá y papá por las incontables horas que han dedicado a hablar sobre mis grandes preguntas sobre Dios durante los últimos treinta años.

Gracias a Katie y Waz, Phil y Meredith, y Kerryn y Andrew, por su constante amor, apoyo, sabiduría y aliento.

Gracias a Hattie por ayudarme a ver el amor de Dios con más claridad. Dios permita que crezcas con abundantes y grandes preguntas, y que sigas recurriendo a nuestro gran rey Jesús en busca de respuestas.

Gracias a Tom French por ser un brillante compañero de redacción y de pódcast.

Gracias a Rowan McAuley por su amistad y colaboración en el evangelio, y por ser siempre tan entusiasta y alentador con estos libros, a pesar de que siguen alejándome de las novelas que debemos escribir.

Por último, pero no menos importante, gracias a mi familia de la iglesia presbiteriana en Abbotsford. En particular, un gran saludo a todo el equipo de YCentral: Dios permita que este libro les ayude a ver con mayor claridad el amor abundante que Dios tiene por ustedes en Jesús.

¿CÓMO SABEMOS que el *Cristianismo* ES DE VERAS CIERTO?

GUÍA DE ESTUDIO

CAPÍTULO 1

- Piensa en la pregunta de la página 8: «¿Jesús de veras volvió a la vida o no?». ¿Quiénes en tu vida darían respuestas diferentes a esa pregunta?
- Si Jesús no resucitó de entre los muertos, ¿qué significa eso para Él y sus afirmaciones, y también para quienes lo siguen ahora?
- ¿Cómo definen la fe algunas personas? ¿Cómo explica Chris lo que es la «fe» (pp. 16-17)?

CAPÍTULO 2

- ¿Qué información sobre Jesús puede encontrarse en fuentes distintas de la Biblia?
- Si todos los textos históricos, incluida la Biblia, están parcializados de alguna manera, ¿pueden seguir siendo útiles? ¿De qué forma?
- ¿Cuántas fuentes independientes sobre Jesús tenemos a nuestra disposición y cómo se comparan con otros personajes de la historia antigua? ¿Por qué disponer de múltiples fuentes independientes nos da mayor seguridad sobre si algo sucedió?

CAPÍTULO 3

- ¿Qué tan pronto después del tiempo de Jesús en la tierra se escribieron la mayoría de los relatos sobre Él? ¿Te parece mucho o poco tiempo?
- ¿Cómo podemos saber si lo que leemos hoy en la Biblia es lo que se escribió originalmente?
- ¿Qué afirmaron los seguidores de Jesús desde el principio, según las fuentes más antiguas (p. 37)? ¿Por qué esto es importante?

CAPÍTULO 4

- Algunas de las biografías de Jesús las escribieron sus seguidores. ¿Se describieron a sí mismos de forma positiva? Pon ejemplos.
- ¿Las historias negativas sobre los primeros seguidores de Jesús hacen que sea más o menos probable que dijeran la verdad? ¿Por qué?
- Hay quienes dicen que los seguidores de Jesús inventaron la afirmación de que resucitó. Si hubieran inventado la historia, ¿habrían elegido a mujeres como los primeros testigos de su resurrección? ¿Por qué no?
- ¿De qué manera lo que leíste en este capítulo te da confianza en que el cristianismo es verdadero en realidad?

CAPÍTULO 5

- Intenta inventar tu propia historia que no coincida con la historia, como la del iPhone de Chris en la página 47. La otra persona tiene que descubrir qué detalle no es cierto.

- ¿Qué aprendiste en este capítulo acerca de si la Biblia coincide con la historia?
- Lee Lucas 3:1-3 (p. 49). ¿Por qué el escritor bíblico, Lucas, enumera muchos detalles sobre quién estaba al mando cuando Jesús estuvo en la tierra?
- ¿Qué papel ha desempeñado la arqueología a la hora de corroborar los hechos de los relatos bíblicos?

CAPÍTULO 6

- A estas alturas del libro, ¿algo de lo que leíste te hizo cambiar de opinión acerca de cuán confiable es la Biblia?
- Si fueras un líder judío en la época de la crucifixión de Jesús, ¿cuál sería la forma más rápida de acabar con el rumor de la resurrección de entre los muertos de Jesús?
- ¿Qué posibilidades hay de que los discípulos de Jesús hubieran tenido el valor y la oportunidad de robar su cuerpo?

CAPÍTULO 7

- ¿Te imaginas que una situación como la que describe Chris en las páginas 61-62 ocurriera hoy? ¿En qué momento te darías por vencido y admitirías que estabas mintiendo?

- ¿Qué afirmaron los seguidores de Jesús que sucedió después de la muerte de Jesús? ¿Qué dijeron que habían visto o hecho?
- ¿Qué riesgos corrieron sus seguidores al seguir afirmando que Jesús estaba vivo? ¿Por qué crees que estaban dispuestos a correr esos riesgos?

CAPÍTULO 8

- ¿Cómo responderías si tu hermano o hermana afirmara ser Dios? ¿Cómo reaccionaron al principio los hermanos de Jesús ante sus afirmaciones?
- ¿Cómo sabemos que los hermanos de Jesús cambiaron de opinión sobre Él? ¿Qué crees que motivó ese cambio?
- ¿Por qué es útil considerar que un enemigo de Jesús como Pablo también cambió de opinión sobre Él?

CAPÍTULO 9

- ¿Qué dice la Biblia acerca de quién vio a Jesús después de resucitar?
- ¿De qué manera invitaba Pablo, uno de los escritores de la Biblia, a sus lectores a comprobar las afirmaciones de la resurrección?
- Si no hubieran podido encontrar a los quinientos testigos de Jesús resucitado o hubieran resultado ser mentirosos, ¿qué habría pasado con el cristianismo en la época de Pablo?

CAPÍTULO 10

- ¿Cuál fue el resultado para todos los demás líderes rebeldes judíos que se levantaron contra los romanos?
- ¿Cómo fueron diferentes las cosas para Jesús y sus primeros seguidores?
- ¿Cuál fue el consejo de Gamaliel a los líderes judíos acerca de cómo debían responder a los seguidores de Jesús? ¿Tenía razón?
- ¿De qué manera lo que leímos en este capítulo te da confianza en que Jesús resucitó de veras de entre los muertos?

CAPÍTULO 11

- «Si las evidencias de la resurrección de Jesús son de veras tan fuertes como dices, ¿por qué no las creen todo el mundo?» (pp. 90-91). ¿Cómo responderías a esa pregunta después de leer este capítulo?
- ¿Conoces a alguien que diga que no hay suficiente evidencia de la resurrección o que no pudo ocurrir desde un punto de vista científico?
- Si esa persona se convenciera de que la resurrección ocurrió, ¿qué tan fácil le sería comenzar a seguir a Jesús? ¿Qué otras cosas podrían interponerse en su camino?
- ¿Qué le recomendarías como siguiente paso a un amigo que se convenciera de que Jesús resucitó de entre los muertos? Las páginas 94-97 te darán algunas ideas. ¿Quieres dar alguno de esos pasos?

NO DEJES DE HACERTE GRANDES PREGUNTAS

Grandes preguntas es una serie de libros divertidos y de ritmo rápido que te guiarán a través de lo que dice la Biblia sobre algunas de las grandes preguntas de la vida, ayudándote a crecer en una fe segura y prudente.